Elisabeth Bernauer

Fingerpuppen
Lustige Bastelideen

ENGLISCH VERLAG

Die Deutsche Bibliothek - CIP-Einheitsaufnahme
Fingerpuppen: lustige Bastelideen / Elisabeth Bernauer. – Wiesbaden: Englisch, 2000
ISBN 3-8241-1037-7

ISBN 3-8241-1037-7

Fotos: Frank Schuppelius
Printed in Spain

Inhaltsverzeichnis

Vorwort 5
Material und Werkzeug 6
Grundanleitung 6
Fingerpuppen 8
Marienkäfer 8
Frosch 9
Pinguin 10
Katze 11
Maus 12
Clown Nick 14
Clown Puck 15
Koch 16
Großmutter 17
Schornsteinfeger 18
Teufelchen 20
Kuh 21
Schwein 22
Hase 24
Hahn 25
Mädchen 26
Nikolo 27
Zauberer 28
Doktor 30
Chinese **31**

Vorwort

Es begann alles mit dem ersten Faschingsfest meines Sohnes. Als Gastgeschenk fertigte ich passend zum Koch-Kostüm die Koch-Fingerpuppe. Die Idee für den Pinguin und den Chinesen hatte ich durch die darauf folgenden Faschingsverkleidungen. Die Schornsteinfeger-Puppe sollte spielerisch die Angst meines Sohnes vor dem „Schwarzen Mann" nehmen. So wurde meine Fingerpuppenfamilie immer größer. Die kleinen Gesellen sind mit ein paar Handgriffen leicht zu fertigen. Der Materialaufwand ist sehr gering.

Kleine Kinder lassen sich als Zuschauer von den Puppen gern etwas vorspielen, die Größeren übernehmen mit Begeisterung selbst die Regie.

Viel Spaß beim Basteln, Spielen und Verschenken

Ihre Elisabeth Bernauer

Marienkäfer

Material:
- Holzkugel, Ø 35 mm, mit Bohrung als Fingerloch
- Holzkugel, Ø 4 mm
- Filz in Rot und Schwarz
- Bastelfarbe in Rot, Weiß und Schwarz
- Zahnstocher, Klebstoff

Anleitung:
Zeichnen Sie das Gesicht auf der großen Holzkugel vor, und malen Sie es mit Bastelfarbe nach. Der Hinterkopf wird schwarz bemalt. Als Nase gestalten Sie die kleine Holzkugel und fügen diese in der Mitte des Gesichtes ein. Lassen Sie die Farben gut trocknen. Anschließend kleben Sie die Fühler auf den Kopf.
Schneiden Sie aus rotem Filz den Flügel zu, die übrigen Teile werden aus schwarzem Filz zugeschnitten. Für den Flügel schneiden Sie insgesamt sieben schwarze Punkte zu und kleben diese auf den roten Flügel. Schneiden Sie die Fühler zweimal aus schwarzem Filz aus. Die Schnittmuster finden Sie auf dem Vorlagebogen. Auf die Mitte der Beine geben Sie jeweils einen Tropfen Klebstoff, knicken die Fußspitzen um und drücken diese zum Trocknen kurz an. Beim Nähen des Körpers werden die sechs Beine zwischen die beiden Körperteile gelegt. Dann steppen Sie die Naht.
Zuerst kleben Sie den Flügel innen an der Hinterseite des Fingerloches an den Kopf. Dann befestigen Sie den fertigen Körper mit Klebstoff am Fingerloch.

Frosch

Material:
- Holzkugel, Ø 35 mm, mit Bohrung als Fingerloch
- 2 Holzkugeln, Ø 8 mm
- Filz in Dunkel- und Hellgrün
- Bastelfarbe in Grün, Weiß und Schwarz
- Klebstoff, Zahnstocher

Anleitung:

In die große Holzkugel bohren Sie für die Augen zwei Löcher im Abstand von 15 mm. Grundieren Sie den Kopf mit grüner Bastelfarbe. Malen Sie einen weißen Strich für den Mund und zwei schwarze Punkte für die Nasenlöcher.

Die beiden Kugeln für die Augen malen Sie zur Hälfte grün an. Die zweite Hälfte grundieren Sie weiß und setzen vorne je eine schwarze Pupille auf. Die fertigen Augen bringen Sie mit Hilfe von Zahnstochern und Klebstoff auf der Gesichtskugel an (siehe Grundanleitung Verarbeitung der Nase, Seite 7).

Die Schnittmuster für Körper und Hände entnehmen Sie dem Vorlagebogen. Die Hände schneiden Sie aus hellgrünem Filz zu, die beiden Körperteile aus dunkelgrünem. Legen Sie die Hände zwischen die beiden zugeschnittenen Körperteile, und steppen Sie die Naht.

Sind Kopf und Körper fertig, setzen Sie den Körper auf den Zeigefinger und kleben den Filz im Fingerloch des Kopfes ein.

Pinguin

Material:
- Holzkugel, Ø 35 mm, mit Bohrung als Fingerloch
- Filz in Rot, Weiß und Schwarz
- Bastelfarbe in Weiß und Schwarz
- Klebstoff

Anleitung:
Grundieren Sie die Holzkugel mit schwarzer Farbe, und malen Sie dann die Augen auf. Nachdem die Kugel getrocknet ist, können Sie den Schnabel aufkleben. Diesen schneiden Sie nach der Schablone des Vorlagebogens aus rotem Filz zu. Dafür wird ein Halbkreis zur Tüte gedreht und zusammengeklebt.
Schneiden Sie für den Körper alle Teile aus Filz gemäß den Schnittmustern des Vorlagebogens zu. Zuerst nähen Sie den weißen Bauchfleck auf die Vorderseite des Körpers. Erst dann werden die Hände zwischen die beiden Körperteile gelegt und der Körper zusammengenäht. Schneiden Sie für die Füße die vier roten Filzteile zu. Kleben Sie die kleineren Teile passgenau auf die Spitzen der größeren. Da die Unterseite hinten länger ist, entsteht eine Falte, die Sie umknicken können. Nähen oder kleben Sie die Füße mit diesem Ende an die Unterkante des Körpers. Den fertigen Körper kleben Sie dann in das Fingerloch des Kopfes.

Katze

Material:
- Holzkugel, Ø 35 mm, mit Bohrung als Fingerloch
- Filz in Hellbraun, Pink, Rosa und Gelb
- Bastelfarbe in Hellbraun, Rosa, Rot, Grün, Schwarz, Beige und Grau
- Klebstoff

Anleitung:

Das Katzengesicht wird zunächst mit Bleistift auf die große Holzkugel übertragen. Malen Sie das Gesicht mit Bastelfarbe nach, und lassen Sie es trocknen. Kleben Sie anschließend die Ohren auf. Fixieren Sie je ein pinkfarbenes Ohr auf einem braunen Ohrteil aus Filz, dabei lassen Sie an der Unterkante beider Ohrteile circa 2 mm ohne Klebstoff. Biegen Sie die pinkfarbene Unterkante nach vorne, die braune Unterkante nach hinten, und kleben Sie die Ohren an den Kopf.

Übernehmen Sie die Schnittmuster für das Zuschneiden des Filzes vom Vorlagebogen. Die beiden Körperteile schneiden Sie aus hellbraunem Filz zu, die Tigerstreifen aus gelbem, die Hände aus rosafarbenem Filz zu. Die Tigerstreifen werden noch vor dem Zusammennähen auf die beiden Körperteile geklebt. Legen Sie die Hände zwischen die beiden Teile des Körpers, und schließen Sie die Naht.

Den fertig genähten Körper drücken Sie mit etwas Klebstoff in dem Fingerloch des bemalten Kopfes an.

Maus

Material:

- Holzkugel, Ø 35 mm, mit Bohrung als Fingerloch
- 2 Holzkugeln, Ø 4 mm
- Filz in Grau, Rot und Rosa
- Stoff in Grau
- Wollfaden in Schwarz und Rosa
- Bastelfarbe in Grau und Schwarz
- Klebstoff

Anleitung:

Die große Holzkugel wird mit grauer Bastelfarbe angemalt, die beiden kleinen Holzkugeln bemalen Sie schwarz. Lassen Sie die Kugeln trocknen.

Schneiden Sie die großen Ohrteile aus grauem Filz, die kleinen aus rosafarbenem Filz zu. Diese Teile erhalten einen kleinen Schlitz, damit sich die charakteristische runde Ohrform ergibt. Kleben Sie je ein rosafarbenes auf ein graues Ohrteil, und schieben Sie den Schlitz zusammen. Formen Sie das graue Filzteil für die Schnauze zu einer Tüte und kleben diese zusammen. Die Klebestelle ist die Unterseite der Schnauze.

Für die Barthaare fädeln Sie einen schwarzen Wollfaden in eine Nähnadel und stechen damit durch den Filz der Schnauze. Sichern Sie die Barthaare mit einem Knoten auf der Rückseite der Schnauze, damit man sie nicht herausziehen kann. Die Enden der Barthaare sollten Sie mit etwas Klebstoff bestreichen, dadurch werden die Fäden steifer. Für den Mund kleben Sie an der Unterseite der Schnauze einen Querstrich auf und kleben darüber eine kleine rote Zunge aus Filz. Ziehen Sie einen schwarzen Wollfaden durch die Nasenspitze nach außen. Schlagen Sie zwei Knoten zur Verdickung, und ziehen Sie den Faden zurück nach innen. Kleben Sie beide Fadenenden in der Schnauze an. Die fertige Schnauze, die Ohren und die Augen werden mit Klebstoff am Kopf befestigt.

Nähen Sie den Körper aus grauem Stoff, und legen Sie dabei die Hände aus Filz zwischen die beiden Körperteile. Auf der Körperrückseite nähen Sie den Schwanz an. Dafür ziehen Sie einen doppelten

Wollfaden durch die Rückseite des Körpers und drehen beide Enden in entgegengesetzte Richtung. Dabei halten Sie die Fäden gespannt. Halten Sie dann die beiden Fadenenden zusammen, die Wolle dreht sich automatisch zu einer Kordel. Verteilen Sie die Drehungen regelmäßig, und streifen Sie die Kordel aus. Das Ende wird mit einem Knoten fixiert, und die abstehenden Fäden schneiden Sie ab.

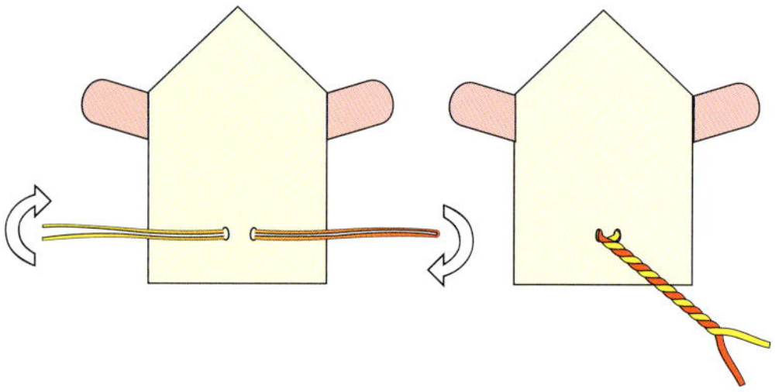

Den fertigen Körper kleben Sie in das Fingerloch des Kopfes.

Clown Nick

Material:
- Holzkugel, Ø 35 mm, mit Bohrung als Fingerloch
- Holzkugel, Ø 8 mm
- bunte Wollreste
- Filz in Rosa
- Faschingsstoff bunt kariert, Stoff in Gelb
- Glöckchen
- Bastelfarbe in Rot, Blau, Schwarz, Weiß und Braun
- Zahnstocher, Klebstoff

Anleitung:
Zeichnen Sie sich das Gesicht mit Bleistift auf der großen Holzkugel vor, und malen Sie es mit Bastelfarben aus. Für die Nase streichen Sie die kleinere Kugel rot an. Lassen Sie beide Kugeln trocknen. Dann können Sie die Nase mit Hilfe eines Zahnstochers in der Mitte des Gesichts anbringen und die Wollfäden als Haare aufkleben. Dafür schneiden Sie ungefähr 50 Fäden mit einer Länge von 3 cm zu.
Übertragen Sie das Schnittmuster der Zipfelmütze vom Vorlagebogen auf den gelben Stoff. Schließen Sie die Längsnaht vom Zipfel bis zur unteren Kante. Schlagen Sie die Unterkante zweimal knapp ein, und steppen Sie die Naht. Wenden Sie die Zipfelmütze, und nähen Sie das Glöckchen mit ein paar Stichen an. Bestreichen Sie die untere Kante der Mütze auf der Innenseite mit etwas Klebstoff, und drücken Sie diese auf dem Kopf des Clowns an. Den Körper nähen Sie aus Faschingsstoff. Zwischen die beiden Körperteile legen Sie die Hände aus Filz. Geben Sie etwas Klebstoff in das Fingerloch des Kopfes, und drücken Sie dort den Körper an.

Clown Puck

Material:
- Holzkugel, Ø 35 mm, mit Bohrung als Fingerloch
- Holzkugel, Ø 8 mm
- Wollrest in Orange
- Faschingsstoff schwarzrot kariert
- Filz in Hellblau, Rot, Gelb und Rosa
- Bastelfarbe in Schwarz und Rot
- Zahnstocher, Klebstoff

Anleitung:
Malen Sie ein lustiges Clownsgesicht. Die Nase streichen Sie rot an und fixieren diese wie in der Grundanleitung beschrieben mit dem Zahnstocher. Schneiden Sie aus der orangefarbenen Wolle ungefähr 40 Fäden mit 4 cm Länge zu. Wenn Sie dünne Wolle verwenden, benötigen Sie etwas mehr Fäden. Nachdem das Gesicht getrocknet ist, tragen Sie auf dem Hinterkopf Klebstoff auf und kleben die Fäden bis auf den Vorderkopf rundherum an.

Aus blauem Filz schneiden Sie einen Halbkreis mit 8 cm Durchmesser zu. Drehen Sie den Halbkreis zu einer Tüte, und kleben Sie ihn zusammen. Aus roten und gelben Filzresten schneiden Sie kleine Dreiecke aus, die Sie vorn auf den Hut kleben. Bestreichen Sie den fertigen Hut an der Innenkante mit Klebstoff, und drücken Sie ihn auf dem Kopf fest.

Aus rosafarbenem Filz schneiden Sie die Hände zu und aus Faschingsstoff die beiden Körperteile. Legen Sie die Körperteile rechts auf rechts aufeinander, und platzieren Sie die Hände an den entsprechenden Stellen dazwischen.

Schließen Sie die Naht, und säumen Sie die untere Kante. Geben Sie etwas Klebstoff in das Fingerloch, und drücken Sie den Körper mit dem Finger an dieser Stelle an.

Koch

Material:
- Holzkugel, Ø 35 mm, mit Bohrung als Fingerloch
- Holzkugel, Ø 8 mm
- Filz in Rosa
- Stoff in Weiß, Stoff in Grau mit Hahnentrittmuster
- Bastelfarbe in Rot, Blau, Schwarz, Weiß, Braun und Rosa
- Textilstift in Schwarz
- Zahnstocher, Klebstoff

Anleitung:
Zeichnen Sie sich das Gesicht vor, und malen Sie es mit Bastelfarbe aus. Dann sollten Sie die Farben trocknen lassen, bevor Sie die Mütze aufkleben. Für die Mütze schneiden Sie einen Kreis von 14 cm Durchmesser und einen Streifen von 14 cm Länge und 3 cm Breite aus weißem Stoff zu. An der Außenkante des Kreises werden zwei parallele Nähte mit etwas größeren Stichen angelegt. Raffen Sie den Stoff auf 12 cm, und fassen Sie die geraffte Kante mit dem Stoffstreifen ein. Kleben Sie die fertige Mütze auf den Kopf.
Für den Körper wird zunächst das Stück der Kochjacke mit angedeuteter Knopfleiste umsteppt. Es ist günstig, für die linke Außenkante die Webkante des Stoffes zu verwenden, da diese Seite dann nicht umgenäht werden muss. Legen Sie die beiden Teile für die Vorderseite der Kochjacke übereinander, und nähen Sie diese mit dem Vorderteil des Hahnentrittmusters zusammen. Auch die Teile für die Rückseite werden zusammengenäht. Legen Sie Vorder- und Rückseite rechts auf rechts aufeinander, und platzieren Sie dazwischen die Hände aus Filz. Schließen Sie die Naht, und wenden Sie den Körper. Vorne malen Sie mit Textilstift die Knöpfe auf die Kochjacke.
Tragen Sie im Fingerloch der Holzkugel etwas Klebstoff auf, und setzen Sie sich den Körper auf den Zeigefinger. Dann drücken Sie den Körper im Fingerloch an.

Großmutter

Material:
- Holzkugel, Ø 35 mm, mit Bohrung als Fingerloch
- Holzkugel, Ø 4 mm
- Wolle in Grau meliert
- Stoff, klein gemustert
- Filz in Rosa
- Bastelfarbe in Rot, Rosa, Blau, Schwarz, Weiß und Braun
- Blumendraht, Klebstoff, Zahnstocher

Anleitung:
Zeichnen Sie das Gesicht mit Bleistift auf die große Holzkugel, und malen Sie es dann mit Bastelfarbe aus. Die kleine Holzkugel setzen Sie mit Hilfe eines Zahnstochers als Nase ein (siehe Grundanleitung). Die Haare kleben Sie erst auf, nachdem die Gesichtskonturen trocken sind. Tragen Sie auf dem Hinterkopf Klebstoff auf, und wickeln Sie die Wolle kreisförmig um die Kugel. Falls Sie dünne Wolle verarbeiten, kleben Sie entweder eine weitere Lage Wolle auf, oder Sie drehen die Wolle vor dem Aufkleben zu einer Kordel.

Die Körperteile aus geblümtem Stoff und die Hände aus Filz schneiden Sie nach den Schnittmustern des Vorlagebogens zu. Legen Sie die Hände zwischen die Stoffteile, und schließen Sie die Naht. Nachdem Sie den Körper gewendet haben, kleben Sie ihn in das Fingerloch des Kopfes. Zum Schluss biegen Sie die Brille aus 17 cm langem Draht. Dafür drehen Sie die Rundungen um einen Bleistift. Setzen Sie der Großmutter die fertige Brille auf die Nase, und kleben Sie die Bügel an den Haaren fest.

Schornsteinfeger

Material:
- Holzkugel, Ø 35 mm, mit Bohrung als Fingerloch
- Holzkugel, Ø 8 mm
- Filz in Weiß, Rosa und Schwarz
- Wollreste in Grau und Schwarz
- Blumendraht, Karton
- Bastelfarbe in Rot, Grün, Schwarz, Weiß, Braun und Grau
- Zahnstocher, Klebstoff

Anleitung:
Die Konturen für das Gesicht werden mit Bleistift auf die große Holzkugel gezeichnet und mit Bastelfarbe ausgemalt. Die Nase wird mit Rot grundiert und mit Hilfe eines Zahnstochers in das Gesicht geklebt. Den Ruß auf Stirn, Wangen und Nase tragen Sie auf, indem Sie etwas graue Farbe auf einen Finger geben und auftupfen. Wenn das Gesicht getrocknet ist, schneiden Sie 25 graue Wollfäden mit der Länge 2,5 cm zu. Kleben Sie diese rund um den Kopf als Haare auf.
Für die Mütze nähen Sie die beiden Teile aus weißem Filz, die Sie gemäß Vorlagebogen zuschneiden, zusammen, indem Sie erst den Bogen an den Kreis nähen und dann die kurze Seitennaht schließen. Kleben Sie die Mütze auf den Kopf. Fertigen Sie den Körper, indem Sie die beiden Körperteile aus schwarzem Filz aufeinander legen und dazwischen die Hände platzieren. Schließen Sie die Naht, und kleben Sie den Körper in das Fingerloch des Kopfes.

Für die Kehrkugel fertigen Sie eine Quaste aus grauer und schwarzer Wolle an. Schneiden Sie die Schablone vom Vorlagebogen zweimal aus Karton aus. Schneiden Sie den mittleren Kreis aus, und wickeln Sie einen doppelten Wollfaden so lange um den Kartonring, bis das Loch in der Mitte geschlossen ist. Schneiden Sie die Wollfäden an der Außenkante auf, und schieben Sie einen Faden zwischen die Kartonscheiben. Ziehen Sie fest an, und verknoten Sie den Faden. Erst jetzt wird der Karton eingeschnitten und entfernt. Schneiden Sie überstehende Wollfäden ab, sodass eine gleichmäßige Kugel entsteht.

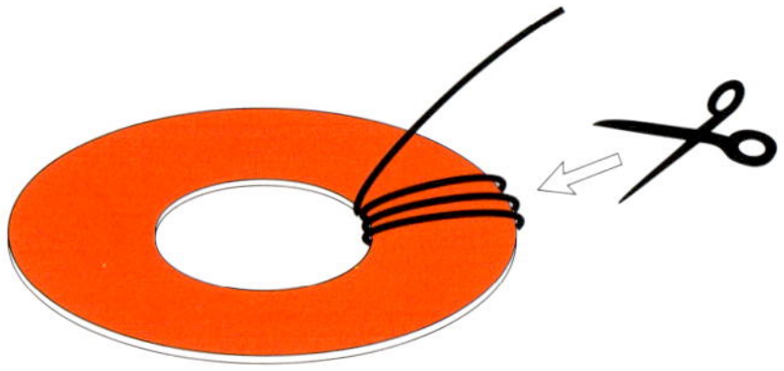

Ziehen Sie ein 30 cm langes Stück Blumendraht durch die Quaste. Positionieren Sie die Quaste in der Mitte, und knicken Sie den Draht. Der Draht wird stückweise mit Klebstoff bestrichen und mit Wolle umwickelt. Drehen Sie den Draht zu einem Reifen, und befestigen Sie das Ende mit ein paar Wollumwickelungen. Die fertige Kehrkugel wird dem Schornsteinfeger über die Schulter gehängt.

Teufelchen

Material:

- Holzkugel, Ø 35 mm, mit Bohrung als Fingerloch
- Holzkugel, Ø 8 mm
- Filz in Rot und Rosa
- Stoff in Rot
- Fellimitat in Schwarz
- Kette, 10 cm lang
- Bastelfarbe in Rot, Schwarz, Grün und Weiß
- Zahnstocher, Klebstoff

Anleitung:

Streichen Sie die Holzkugeln rot an. Bringen Sie erst die kleinere Kugel mit Hilfe des Zahnstochers als Nase an, dann malen Sie das übrige Gesicht. Nach dem Trocknen kleben Sie das Fellimitat als Haare auf. Das Muster für den Zuschnitt entnehmen Sie dem Vorlagebogen. An den Stellen, wo die Hörner aus rotem Filz angebracht werden, streichen Sie das Fell auseinander, tragen Klebstoff auf und drücken die Filzstücke fest.

Aus rotem Stoff schneiden Sie zwei Körperteile, aus Filz zwei Hände zu. Legen Sie die Hände zwischen die beiden rechts auf rechts gelegten Stoffteile, und schließen Sie die Naht. Wenden Sie den Körper, und kleben Sie auf die Rückseite den roten Schweif aus Filz. Der fertige Körper wird in das Fingerloch des Kopfes geklebt. Dann befestigen Sie die Kette am Hals und an der gegenüberliegenden Hand.

Kuh

Material:

- Holzkugel, Ø 35 mm, mit Bohrung als Fingerloch
- Filz in Weiß, Schwarz, Rosa, Braun und Rot
- Bastelfarbe in Weiß und Schwarz
- Textilstift in Schwarz
- Klebstoff

Anleitung:

Grundieren Sie die Holzkugel weiß, und malen Sie die Augen auf. Lassen Sie die Farbe gut trocknen, bevor Sie die Schnauze und die übrigen Kopfteile aufkleben. Die großen Ohrteile werden aus schwarzem Filz, die kleinen aus rosafarbenem Filz ausgeschnitten. Kleben Sie dann ein kleines auf ein großes Ohrteil. In der Mitte der unteren Kante nehmen Sie einen ca. 3 mm großen Schnitt vor. Biegen Sie die Laschen nach hinten, und kleben Sie die Ohren auf den Kopf. Die Hörner werden zweimal aus braunem Filz ausgeschnitten, mit Klebstoff bestrichen und eingerollt. Warten Sie einen Moment, bis der Kleber getrocknet ist, dann können Sie die Hörner am Kopf befestigen.

Für die Schnauze schneidet man nach dem Schnittmuster den weißen Bogen aus und näht diesen an die rosafarbene Schnauzenmitte. Schließen Sie die kurze Seitennaht. Dann bestreichen Sie den Rand innen mit Klebstoff und drücken die Schnauze auf den Kopf. Mit Textilstift malen Sie die Nasenlöcher und den Mund auf. Zum Schluss bringen Sie die Zunge mit etwas Klebstoff an.

Der Körper wird zweimal aus weißem Filz zugeschnitten. Die Kuhflecken können Sie entweder mit Textilstift aufmalen oder aus schwarzem Filz ausschneiden und aufkleben. Eine Hand benötigen Sie aus weißem und eine aus schwarzem Filz. Legen Sie die Hände zwischen die beiden Körperteile, und schließen Sie die Naht. Kleben Sie dann den Körper in die Innenfläche des Fingerloches am Kopf.

Tipp:

Der Hinterkopf der Kuh kann mit schwarzen Flecken gestaltet werden, damit er nicht eintönig weiß aussieht.

Schwein

Material:
- Holzkugel, Ø 35 mm, mit Bohrung als Fingerloch
- Filz in Rosa und Rot
- Wollrest in Rosa
- Bastelfarbe in Rosa, Weiß und Schwarz
- Textilstift in Schwarz
- Klebstoff

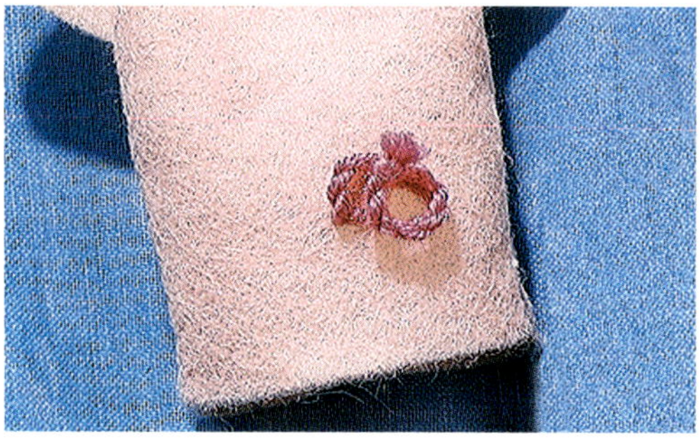

Anleitung:

Die Holzkugel wird rosafarben grundiert. Mit Schwarz und Weiß malen Sie kleine Augen. Lassen Sie die Farben trocknen, bevor Sie Ohren und Schnauze aufkleben. Schneiden Sie die beiden Ohren aus Filz aus, bestreichen Sie sie an der Unterseite mit Klebstoff, und fixieren Sie sie so am Kopf, dass die Spitzen nach vorne zeigen. Für die Schnauze nähen Sie einen Bogen aus Filz an einen Kreis und schließen dann die kurze Seitennaht. Bestreichen Sie die Schnauze am inneren Rand mit etwas Klebstoff, und drücken Sie die Schnauze auf den Kopf. Die Nasenlöcher malen Sie mit Textilstift auf, die Zunge aus rotem Filz wird aufgeklebt.

Schneiden Sie nach dem Schnittmuster des Vorlagebogens zwei Körperteile und zwei Hände aus Filz zu. Legen Sie die Hände zwischen die Körperteile, und schließen Sie die Naht. Auf der Rückseite des Körpers bringen Sie einen Ringelschwanz an. Dafür ziehen Sie einen doppelten Wollfaden durch die Rückseite des Körpers und drehen beide Enden in entgegengesetzte Richtung. Dabei halten Sie die Fäden gespannt. Halten Sie dann die beiden Fadenenden zusammen, die Wolle dreht sich automatisch zu einer Kordel. Verteilen Sie die Drehungen regelmäßig, und streifen Sie die Kordel aus. Das Ende wird mit einem Knoten fixiert, und die abstehenden Fäden schneiden Sie ab. Legen Sie die Kordel zu einem kleinen Ringel, den Sie auf dem Körper festkleben.

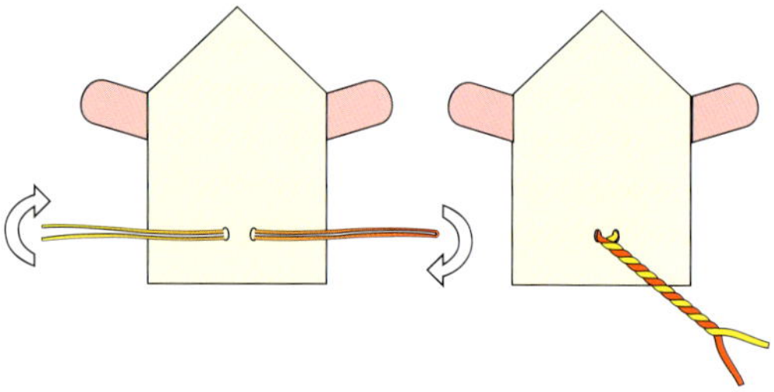

Den fertigen Körper kleben Sie in das Fingerloch des Kopfes.

Hase

Material:

- Holzkugel, Ø 35 mm, mit Bohrung als Fingerloch
- Filz in Pink, Hell- und Dunkelbraun
- Bastelfarbe in Hell- und Dunkelbraun, Pink, Weiß und Schwarz
- Watte in Weiß
- Klebstoff

Anleitung:

Zunächst wird die Holzkugel mit dunkelbrauner Farbe grundiert. Nachdem die Farbe getrocknet ist, tragen Sie die Gesichtskonturen auf und malen diese mit Farbe aus. Sind die Farben getrocknet, können Sie die Ohren aufkleben. Dazu schneiden Sie braune Ohrteile und zwei pinkfarbene gemäß der Schnittmuster des Vorlagebogens zu. Kleben Sie die pinkfarbenen Teile auf die braunen Ohren. Beim rechten Ohr wird die Spitze nach vorn geknickt und mit Klebstoff fixiert. Die braunen Unterkanten der Ohren werden nach hinten gebogen, mit Kleber bestrichen und am Kopf angebracht. Schneiden Sie die beiden Körperteile aus dunkelbraunem und die beiden Hände aus hellbraunem Filz zu. Nähen Sie die Teile zusammen, indem Sie die Hände zwischen die Körperteile legen. Aus Watte formen Sie eine kleine Kugel, die Sie hinten als Puschelschwanz aufkleben. Bestreichen Sie die Innenseite des Fingerloches mit Klebstoff, und kleben Sie den Körper an den Kopf.

Hahn

Material:
- Holzkugel, Ø 35 mm, mit Bohrung als Fingerloch
- Filzreste in Rot, Orange und Blau
- Stoff, bunt gemustert
- 3 kleine Federn
- Bastelfarbe in Weiß und Schwarz
- Klebstoff

Anleitung:
Die Holzkugel streichen Sie für den Kopf weiß an. Mit schwarzer Farbe malen Sie die Augen auf. Wenn die Farbe getrocknet ist, befestigen Sie die ausgeschnittenen Filzstücke. Zur Verstärkung werden zwei rote Kammteile und zwei orangefarbene Schnäbel aufeinander geklebt. Den Schnabel falten Sie in der Mitte, klappen ihn wieder auf und fixieren die rote Zunge. Dann können Sie Kamm und Schnabel auf den Kopf kleben. Unter dem Schnabel befestigen Sie zwei Kinnlappen. Dafür werden nur die Schmalseiten der Kinnlappen, die Sie an den Kopf setzen, mit Klebstoff bestrichen. Schneiden Sie nach den Schnittmustern des Vorlagebogens die beiden Körperteile und Hände zu. Legen Sie die Körperteile rechts auf rechts aufeinander, und platzieren Sie dazwischen die Hände. Dann schließen Sie die Naht. Geben Sie Klebstoff in das Fingerloch des Kopfes, und drücken Sie den oberen Teil des Körpers dort an. Die drei Federn stechen Sie auf der Rückseite in den Stoff. Befestigen Sie sie auf der Innenseite des Körpers mit etwas Klebstoff.

Mädchen

Material:
- Holzkugel, Ø 35 mm, mit Bohrung als Fingerloch
- Holzkugel, Ø 8 mm
- Wolle in Gelb
- Stoff, klein gemustert
- Filz in Rosa
- Schleifenband in Rosa
- Bastelfarbe in Rot, Grün, Weiß, Braun und Schwarz
- Zahnstocher, Klebstoff

Anleitung:

Zeichnen Sie das Gesicht mit Bleistift auf der großen Holzkugel vor, und malen Sie es mit Bastelfarbe aus. Die kleine Holzkugel streichen Sie rot und befestigen diese mit Hilfe eines Zahnstochers im Gesicht (siehe Grundanleitung). Sind die Farben trocken, werden die Haare aufgeklebt. Dafür schneiden Sie 25 Wollfäden mit 20 cm Länge zu. Bestreichen Sie den Hinterkopf mit Klebstoff, und befestigen Sie zuerst die Ponyfransen. Dann kleben Sie die Fäden über den Fransen beginnend quer bis zum Nacken. Nach dem Trocknen fassen Sie die Haare rechts und links mit einem Schleifenband zusammen. Kürzen Sie mit einer Schere die Zöpfe auf die gewünschte Länge.

Schneiden Sie die beiden Körperteile und die Hände nach den Schnittmustern des Vorlagebogens zu. Die beiden Stoffteile werden rechts auf rechts aufeinander gelegt, dazwischen legen Sie die Hände ein. Schließen Sie dann die Naht, und wenden Sie den Körper. Kleben Sie ihn in das Fingerloch des Kopfes, indem Sie den Körper auf den Zeigefinger setzen und im Fingerloch, das Sie mit Klebstoff bestrichen haben, anpressen.

Nikolo

Material:

- Holzkugel, Ø 35 mm, mit Bohrung als Fingerloch
- Holzkugel, Ø 8 mm
- Filz in Rosa
- Stoff in Weiß
- Stück Fellimitat oder Watte in Weiß
- Tonpapier in Rot und Weiß, selbstklebende Folie
- Bastelfarbe in Rot, Rosa, Schwarz, Weiß, Grün und Braun
- Zahnstocher, Klebstoff

Anleitung:

Zeichnen Sie auf der großen Holzkugel das Gesicht vor und malen es dann mit Bastelfarbe aus. Die kleine Holzkugel wird als Nase auf einem Zahnstocher in das vorgebohrte Loch in die Mitte des Gesichts geklebt. Lassen Sie die Farben trocknen, und kleben Sie dann das Fellimitat oder die Watte als Bart auf. Schneiden Sie die Nikolomütze aus Papier zu. Bevor Sie sie an der Seite zusammenkleben, überziehen Sie sie mit selbstklebender Folie, um die Haltbarkeit zu erhöhen. Dann setzen Sie die Mütze dem Nikolo auf den Kopf.

Schneiden Sie nach den Schnittmustervorlagen die beiden Körperteile aus weißem Stoff und die Hände aus Filz zu. Legen Sie die Hände zwischen die beiden Körperteile, und schließen Sie die Naht. Wenden Sie den Körper, und kleben Sie ihn am Fingerloch des Kopfes ein.

Zauberer

Material:
- Holzkugel, Ø 35 mm, mit Bohrung als Fingerloch
- Schaschlikspieß aus Holz, Klebstoff
- Wolle in Gelb
- Stoff in Schwarz und Schwarzweiß gemustert, Futterseide in Schwarz
- Glöckchen
- Bastelfarbe in Rot, Grün, Schwarz, Weiß und Braun
- Bohrer, 2,5 mm, Zackenschere

Anleitung:
Zeichnen Sie das Gesicht auf der großen Holzkugel vor. Mit dem Bohrer bohren Sie ein Loch für die Nase. Brechen Sie von einem Schaschlikspieß 1 cm ab, und streichen Sie ihn rot. Nach dem Trocknen stecken Sie ihn mit etwas Klebstoff in das vorgebohrte Loch. Inzwischen können Sie die übrigen Gesichtskonturen mit Bastelfarbe ausmalen. Von der gelben Wolle schneiden Sie ca. 60 Fäden mit der Länge 4 cm zu. Nachdem die Farben des Gesichtes trocken sind, streichen Sie Klebstoff auf die Rückseite der Kugel und drücken die Wollfäden als Haare einzeln an.
Schneiden Sie die Mütze aus klein gemustertem Stoff zu, und schließen Sie zunächst die Hinternaht. Schlagen Sie die Unterkante zweimal knapp ein, und steppen Sie die Naht. Wenden Sie die Zipfelmütze, und nähen Sie das Glöckchen mit ein paar Stichen an. Bestreichen Sie die Innenseite der Mütze mit Klebstoff, und drücken Sie sie über die Haare auf den Kopf.
Den Umhang schneiden Sie mit einer Zackenschere aus. Die Vorderkanten werden etwas nach innen umgebogen, und dann kleben Sie den Umhang an der Hinterseite des Fingerloches fest. Darüber kleben Sie den fertigen Körper am Kopf fest. Für den Körper schneiden Sie die beiden Körperteile aus schwarzem Stoff und die Hände aus Filz zu. Auf das Vorderteil des Körpers kleben Sie gelbe Wollfäden als Muster auf. Legen Sie die Körperteile rechts auf rechts aufeinander, und platzieren Sie dazwischen die Hände. Dann schließen Sie die Naht, wenden den Körper und kleben ihn in das Fingerloch.

Doktor

Material:
- Holzkugel, Ø 35 mm, mit Bohrung als Fingerloch
- Holzkugel, Ø 8 mm
- Stoff in Weiß
- Filz in Rosa und Rot
- Wolle in Weiß
- Bastelfarbe in Rot, Blau, Weiß, Schwarz und Braun
- Zahnstocher, Klebstoff

Anleitung:
Zeichnen Sie das Gesicht mit Bleistift auf der großen Holzkugel vor, bevor Sie es mit Bastelfarbe ausmalen. Die Nase bringen Sie mit Hilfe eines Zahnstochers an, wie in der Grundanleitung beschrieben. Sind die Farben getrocknet, kleben Sie die Haare auf. Dafür schneiden Sie weiße Wolle in 2 cm lange Stücke. Bestreichen Sie auf dem Kopf am Haaransatz einen Halbkreis mit Klebstoff, und kleben Sie die Wolle in zwei Schichten auf.
Schneiden Sie nach den Schnittmustern des Vorlagebogens alle Teile für den Körper zu. Sie benötigen zwei Körperteile aus weißem Stoff, zwei Hände aus Filz sowie ein rotes Kreuz aus Filz. Die Stoffteile legen Sie passgenau übereinander und platzieren dazwischen die Hände. Schließen Sie die Außennaht, und wenden Sie den Körper. Auf der Vorderseite kleben Sie das rote Kreuz auf. Dann kleben Sie den Körper im Fingerloch des Kopfes ein.

Chinese

Material:

- Holzkugel, Ø 35 mm, mit Bohrung als Fingerloch
- Wolle in Schwarz
- Stoff in Gelb (gemusterter Faschingsstoff oder zusätzlich Textilstift in Schwarz)
- Filz in Rosa
- Tonpapier in Gelb, selbstklebende Folie
- Bastelfarbe in Rot und Schwarz
- Klebstoff, Filzstift in Schwarz

Anleitung:

Malen Sie das Gesicht auf die Holzkugel. Für die Haare schneiden Sie ungefähr 60 Wollfäden mit einer Länge von 4 cm zu. Nachdem das Gesicht getrocknet ist, bestreichen Sie den Hinterkopf mit Klebstoff und kleben die Wollfäden rundherum auf. Über dem Gesicht werden die Fäden zu Stirnfransen gekürzt.

Den Hut schneiden Sie nach der Vorlage aus Tonpapier zu und malen die Schriftzeichen auf. Überziehen Sie das Papier zur besseren Haltbarkeit mit selbstklebender Folie, bevor Sie den Hut zusammenkleben. Setzen Sie den Hut dann so auf den Kopf, dass die oberen Enden der Haare darunter versteckt sind.

Falls Sie keinen passend gemusterten Faschingsstoff für den Körper zur Hand haben, können Sie die Schriftzeichen auch mit schwarzem Textilstift auf den zugeschnittenen Körperteilen aufmalen. Nachdem Sie die beiden Körperteile aus Stoff und die Hände aus Filz zugeschnitten haben, platzieren Sie die Hände zwischen den beiden Stofflagen und schließen die Naht. Wenden Sie den Körper, und kleben Sie ihn in das Fingerloch des Kopfes.

Tipp:

Das Zuschneiden der Wollfäden ist ganz einfach, wenn Sie die Wolle ca. 30-mal über drei Finger wickeln und die Fäden oben und unten mit der Schere durchschneiden.

ENGLISCH VERLAG

kreativ

ISBN 3-8241-0823-2
Broschur, 32 Seiten

ISBN 3-8241-0881-X
Broschur, 32 Seiten

ISBN 3-8241-0744-9
Broschur, 32 Seiten

ISBN 3-8241-1064-4
Broschur, 32 S., Vorlageb.

ISBN 3-8241-0877-1
Broschur, 32 S., Vorlageb.

ISBN 3-8241-0959-X
Broschur, 32 Seiten

Lust auf Mehr?

Liebe Leserin, lieber Leser,
natürlich haben wir noch viele andere Bücher im Programm.
Gerne senden wir Ihnen unser Gesamtverzeichnis zu.
Auch auf Ihre Anregungen und Vorschläge sind wir gespannt.
Rufen Sie uns einfach an oder schreiben Sie uns.

Englisch Verlag GmbH
Postfach 2309 · 65013 Wiesbaden
Telefon 06 11/9 42 72-0 · Telefax 06 11/9 42 72 30
E-Mail info@englisch-verlag.de
Internet http://www.englisch-verlag.de